U0692788

梁漱溟致夫人的四十九封家书

梁漱溟 著
梁培宽 梁培恕 解说

中华书局

图书在版编目（CIP）数据

梁漱溟致夫人的四十九封家书/梁漱溟著．—北京：中华书局，2014.1
ISBN 978-7-101-09481-7

Ⅰ．梁…　Ⅱ．梁…　Ⅲ．梁漱溟（1893～1988）－书信集　Ⅳ．K825.4

中国版本图书馆 CIP 数据核字（2013）第 149237 号

书　　名	梁漱溟致夫人的四十九封家书
著　　者	梁漱溟
解 说 者	梁培宽　梁培恕
责任编辑	包　岩　马　燕
出版发行	中华书局 （北京市丰台区太平桥西里 38 号　100073） http://www.zhbc.com.cn E-mail:zhbc@zhbc.com.cn
印　　刷	北京瑞古冠中印刷厂
版　　次	2014 年 1 月北京第 1 版 2014 年 1 月北京第 1 次印刷
规　　格	开本 880×1230 毫米　1/32 印张 7⅛　字数 20 千字
印　　数	1-6000 册
国际书号	ISBN 978-7-101-09481-7
定　　价	38.00 元

目　录

陈树棻（1897—1979），生于北京，祖籍云南。北京师范大学毕业。后在广西等地中等学校任教。1942年末与梁漱溟成婚，是梁漱溟第二任夫人。

先父元配名黄靖贤，北京旗人，早在1935年即病故于山东邹平县（山东乡村建设研究院即设于此）。

梁漱溟与夫人合影于重庆北碚（1948年）

民盟中央部分同人合影于南京(1946年)(前排左起:梁漱溟、沈钧儒、张澜、史良,后排左叶笃义,右辛志超)

与民盟主席张澜先生(左)合影于重庆特园(1946年)

撰写《中国文化要义》一书时留影（1948年于重庆北碚）

梁漱溟与夫人合影于
重庆北碚（1948年）

"浮出水面"的"文革"中抄没的家书

1946年1月，先父梁漱溟参加政治协商会议（重庆）后，又为推动会议的五项协议之切实执行、参与和谈、阻止内战而努力。这段时间，先父奔走于重庆、北平、延安、昆明、南京及上海；而此时夫人则暂留于北平，于是有了收录于此的四十九封家书。

家书自然以商议家庭事务为多，这批书信也不例外。应注意的是，写寄这些信件之时，先父正忙于参与1946年初在重庆召开的政治协商会议。先父是民盟九人代表之一，还是实际上的民盟首席代表。他之积极参与协商，自不待言。

抗战八年中，先父始终为国内团结这件大事而奔走。经他起草和发表的《民盟十大纲领》（1941年）中，即提出："实现宪政之前，成立国事协议机关。"五年后，即1946年年初，有此会议的召开。在会议胜利闭幕之后，他感慨地说："今天的政治协商会议恰不外是当年我们这口号之实现。"八年努力终于有了结果，先父颇有一种"夙愿得偿"之感。

先父早年曾参加辛亥革命；革命成功后不久，国家即陷于军阀混战之中，四分五裂达数十年之久，至抗战时犹是如此。有鉴于此，谋求国人团结和国家的统一，成为先父一生的志业；因为只有全国的团结统一，对外才能抵抗强敌，对内方可走上民主宪政之路。而这次各党派协商的结果之五项协议，其主要内容是：组成各党派参加的联合政府；由联合政府组织召开"国民大会"，由大会制定宪法；建立民主宪政政治制度。若能顺利实现，则国民党一党专政、蒋介石个人独裁将从此退出历史舞台。

有此结果，他认为，"全国性的团结有了端倪"，"民主的新中国从此出现了曙光"，"中国有步入坦途之望"。

不料，会议结束仅三四个月，国民党蒋介石即开始破坏国共两党的《停战协定》，暴露出撕毁政协协议的图谋。此时，先父又与民盟同人投入阻止内战、争取和平的工作，参与两党和谈。至1946年10月末，两党和谈彻底破裂，先父见事无可为，即辞去民盟秘书长职，去四川从事讲学与著述了。

以上所述事实，在这些书信中虽略有蛛丝马迹可寻，但如不作说明，仍难为人们所了解。因此，有作些解说的必要。中华书局方面也认为，由我们家属写出有关事实及背景解说是不可少的。

书局首次出示这些家书时，我们先是十分诧异，后又感到疑惑不解。这些属于私人的信件，为何竟流失于社会？经多次议论，再三回忆，终于“悟”出了结果：“文革”！就是“文革”！

“文革”中抄家之祸降临，除人受凌辱外，所有财物分两类被处理，一类由“红卫兵”小将负责，当场毁坏（肢解家具，焚烧书画）；另一类由政协造反派若干人装车运走（衣被、书籍、文稿、书信、日记等）。这些被劫掠的财物，其最后命运也可分两类：一、全部被“没收”，不见后来归还，如衣被、书籍等。二、部分“下落不明”，部分于后来发还，如银行存折，如先父文稿、日记（计有六年）、书信（寄我们兄弟二人书信若干件等）。先父寄夫人这批书信本属于“下落不明”者，可是现在突然“浮出水面”，我们猜测它们可能先由造反派中某一二位“有心人”所染指，再经多次倒手，如今出现在我们面前。

最后说明两点：

这批家书，原是月月都有，无论多少，唯独1945年12月和1946年1月、2月、3月，连续一百廿天，一封也不见。这种集体“失踪”，令人生疑。而这四个月的书信里，可能有重要的信息，因为这四个月正是政协开会及其前后，先父的再访延安之行也在此期间。

“背景介绍”由我们兄弟二人，以文字资料为主，以回忆为辅，加以综合，然后由我执笔编写而成。如有不妥或差错，望读者指正。

梁培宽

2013年9月25日于北大宿舍

梁漱溟致夫人的四十九封家书

第一封　一九四五年十一月二十日

背景介绍

1944年末，日军入侵广西。先父偕夫人及次子往昭平避难。1945年8月15日，日本投降，抗战胜利。先父即去广州，再飞重庆，而夫人仍滞留于广州。此是先父到重庆后寄夫人的第一封信。

当时的全国政治中心重庆，正酝酿各党派通过协商，实现国家团结统一，废止国民党一党专政这一大事。国家在民主的基础上实现真正的团结统一，是先父多年的追求。因此，他到重庆后，即忙于此事的酝酿工作；当确定召开政治协商会议后，他又投入民盟参加此会的准备工作。当时他忙碌的情况，可想而知。故信中说："我则回碚看一次，没有多住"，即因此。而在北碚，有许多久别五年的学生和朋友在先父创办的勉仁中学工作。

在广州，先父受到张发奎将军（国民党第四战区司令长官，驻广州）的热情接待。张宝刚与姚厅长（省府）均为将军部下受命负责接待事务者。

黄巽，为先父早年北京大学学生黄艮庸之侄，当时也负责若干接待事务。

樹棻吾妻：十四日信收到，但三日六日兩信則未見到。這是因為你前一信係託人帶來，而後兩信你交郵局的原故。現在郵局和航空公司之間，對渝粵之線未經定約，所以渝粵的航空信件就靠不住。而信件要經陸地郵遞，則由粵到渝，便不定多少天了。我於一日抵渝後，馬上託人兌十萬元給孫寶剛君。款係三月由廣東省銀行先出，可惜他忘記用電匯，而用了航空匯。及我知道後，再三交涉改電匯，已作不到。只有電告孫寶剛等便收款。此電連發三通，係分三處拍發的，不知孫先生告訴你否。北方大局情形不好，你恐難去北平，還是來渝為要。我已分電姚醒吾和麥秘書長兩處，請他們代你訂購飛機票位。訂好即分由黃巽孫寶剛二位通知你。你亦可託黃孫兩位分向姚麥兩方面接頭。至於路費，則兌去之十萬元，除還孫君五萬外，其餘五萬和你手中所存，當可敷用。我在此一切安好，唯事情稍忙。熙兒住北碚校內，同他哥哥一起。我則回碚看一次，沒有多住。現在住重慶特園69號鮮宅內。你飛機若有定期，即託麥秘書長發電告我，以便接你。不過電信不靈通，接得到、接不到，殊無把握。這是一件難事。你不必太着急，不久總見面的。漱白

十一月廿日

树棻吾妻：

十四日信收到，但三日、六日两信则未见到。这是因为你前一信系托人带来，而后两信系交邮的原故。现在邮局和航空公司之间，对渝粤一线未经定约，所以渝粤的航空信件就靠不住。而信件要经陆地邮送，则由粤到渝，便不定多少天了。我于一日抵渝后，马上托人兑十万元给孙宝刚君。款系三日由广东省银行兑出，可惜他忘记用电汇，而用了航空汇。及我知悉后，再三交涉改电汇，已作不到。只有电告孙宝刚等候收款。此电连发三通，系分三处拍发的，不知孙先生告诉你否。北方大局情形不好，你恐难去北平，还是来渝为妥。我已分电姚厅长和麦秘书长两处，请他们代你订购飞机票位。订好即分由黄巽、孙宝刚二位通知你。你亦可托黄、孙两位分向姚、麦两方面接头。至于路费，则兑去之十万元，除还孙君五万外，其馀五万和你手中所存，当可敷用。我在此一切安好，唯事情稍忙。恕儿住北碚校内，同他哥哥一起。我则回碚看一次，没有多住。现在住重庆特园69号鲜宅内。你飞机若有定期，即托麦秘书长发电告我，以便接你。不过电信不灵通，接得到，接不到，殊无把握。这是一件难事。你不必太着急，不久总见面的。

漱白　十一月廿日

梁漱溟致夫人的四十九封家书

第二封　一九四五年十一月二十二日

梁漱溟家书
第二封
1945年11月22日

背景介绍

此信是先父由广州飞到重庆后所写第二封信。树棻夫人此时仍滞留在广州，准备飞北平。但又一度有改来重庆的打算，最后仍去了北平，未到重庆。

张铁生为民盟西南支部新盟员。先父自桂林避日寇于广西八步时，张也在八步。

罗子为是山东乡建工作同人，民盟盟员，在民盟总部工作多年。先父1942—1944年去桂林，罗也在桂林。建国后曾任民盟副秘书长。

阿瓒即黄瓒，为先父学生黄艮庸先生之侄，先父在香港创办民盟机关刊物《光明报》时，黄瓒曾在报社工作。

樹棻吾妻如晤：昨日發一信，有所未盡，今補陳如下：

一、關於你來滬覓飛機票位事，我想還是託孫寶剛及左洪濤，我已兩函孫寶剛，你再去訪他一次，若有機位，你最好移居孫家，他有汽車，可以送你上機場。

二、我們上次所帶行李恰合規定重量，當在再多一點還可以，但要零件不要大件。此次不能帶東西，只好寄存黄家或任太太處。

三、我及羅子為均借住上清寺特園69號鮮公館內，電話係2202。你下飛機若不見我們來接，即在機場打電話問我們可也。

四、來時可通知張鐵生他們，他們或有信件帶來也。

五、有些事可以由阿瓚電左洪濤，託其辦理。

我一切都好，你可放心。不盡。

漱溟　十一月廿六日

树棻吾妻如晤：

昨日发一信，有所未尽，今补陈如下：

一、关于你来渝觅飞机票位事，我想还是托孙宝刚及左洪涛，我已飞函孙宝刚。你再去访他一次，若有机位，你最好移居孙家，他有汽车，可以送你上机场。

二、我们上次所带行李恰合规定重量，实在再多一点还可以，但要零件，不要大件。此次不能带来东西，只好寄存黄家或伍太太处。

三、我及罗子为均借住上清寺特园69号鲜公馆内，电话系2262，你下飞机若不见我们来接，即在机场打电话问我们可也。

四、来时可通知张铁生他们，他们或有信件带来也。

五、有些事可以由阿瓒电左洪涛，托其办理。

我一切都好，你可放心，不尽不尽。

漱溟　十一月廿二日

第三封　一九四六年四月六日

背景介绍

此信写成之时，政治协商会议闭幕已有两个月。

重庆政治协商会议1946年1月31日闭幕，达成五项协议，决定将组成各党派的联合政府，取代国民党一党专政与蒋介石个人独裁。国人均以为此后中国将走上民主政治正轨，民盟同志对此也充满希望。先父以为国共此后将合作建国，即无须他做推动国共团结的工作了，于是决心退出现实政治，而去做自己久已想从事的中国文化研究。信中说："我定九日去昆明，一星期可返渝"，即为考察能否在昆明筹建研究所。可是4月18日才得从昆明飞回重庆，"那天中共军攻占长春，是时局一大转折点，……时局发展到大打特打"。国共停战协定遭破坏，内战战火扩大，如不施救，政协五项协议将无实现之可能，"救火"工作刻不容缓。于是，在此种情况下，盟内同志纷纷劝留，希望先父继续负起民盟领导的重任，参与国共和谈。用他自己的话说："我也就不得脱身。"（见《我参加国共和谈的经过》）

信中说，“这里有外甥邹思栋在延安写给你的一封信，交我带给你”，这表明先父再次访问延安时（3月15日至3月30日）见到了邹思栋，而此信即写于自延安返回重庆后数日。

邹思栋又名晓青，是先父大妹长子，早年在北平积极参加进步学生运动。1938年先父访问延安，晓青即要求随同前往，参加革命，后即留在边区工作。

樹棠大人：：這裏有外甥鄭思標在延安寫給你的一封信，要我帶給你，信寫得甚好，我又請寬、請與看、又給以翁等看、所以現在才寄給你、你如有回信仍寄我轉他可也、我定九日去昆明、一星期可返渝、你來信寄潤庭轉我可無誤、此間天氣已暖、我的單衫不知你收在何處、有沒有帶重慶來？？餘不盡、

衡手字

四月六日

树棻夫人：

这里有外甥邹思栋在延安写给你的一封信，交我带给你，信写得甚好，我交培宽、培恕看，又给艮庸等看，所以现在才寄给你。你如有回信，仍寄我转他可也。我定九日去昆明，一星期可返渝，你来信寄渊庭转我可无误。此间天气已暖，我的单衫不知你收在何处，有没有带重庆来？

馀不尽。

漱手字　四月六日

梁漱溟致夫人的四十九封家书

第四封　一九四六年四月十九日

背景介绍

此信写于自昆明返回重庆的次日。

先父“总想成立一个文化研究机构”，为此，4月9日自重庆飞昆明，考察此地是否有建所的可能。他之总念念不忘从事中国文化问题的研究，全由于“感受中国问题之刺激，切志中国问题之解决”，并非有意于此问题的一种纯学术性研究。他研究的目的是为了“认识老中国，建设新中国”。“我于十八日回到重庆”，说的是自昆明回到重庆。

先父长兄已故，其子女多住在青岛，当时有移住北平之意，先父劝其暂不动为宜。因而说，“青岛方面似不忙移北平”。

四月十二日信內附修振寄青島信均閱悉、我於十八日回到重慶、暫不他出、有信可直寄此間、青島方面似不很積此事、候我到青島再說為好、可速函知、再則南寬街房子如何、速函告我、我單衣可足用、但有空間可替我做件馬褂、為要、

淵 十九日

四月十二日信内附修侄寄青甥信均阅悉。我于十八日回到重庆，暂不他出，有信可直寄此间。青岛方面似不忙移北平，候我到青岛再说为好，可速函知。再则南宽街房子如何？速函告我。我单衣可足用，但有空闲可替我改作马褂之类。

漱　十九日

第五封　一九四六年四月二十六日

背景介绍

此信写于自重庆将赴京沪（5月初）之前一周，此后他即将负起民盟秘书长之责，全面领导民盟工作，与其他几位民盟政协代表，参与国共和谈。民盟当时的重要任务是阻止内战，力求政协五项协议之认真实行，组成各党派代表及社会贤达参加的联合政府。此目的果能实现，则国民党一党专政与蒋介石个人独裁将从此告终。信中所说“我为大局事，可能于下月到南京”的话，即指此。

二妹即夫人之妹，名陈文洤，抗战时独自住在日军占领下之北平。夫人此时回到北平，姐妹得相聚。

南宽街房子为先父大嫂的产业，平房若干间（在北京西单附近），当时有人租住。小铜井房为我们祖父所购两三间小屋，供个人读书之用。祖父故去后，先父与我们伯父合力将其重新修建，作为“桂林梁先生读书处”，以纪念祖父。此房位于北京积水潭西北角，环境清旷。自1953年初先父即居于此。“文革”后被勒令迁出，房产充公。2002年拆毁，今已无存。

四月十五日及廿二日所寫各信均閱悉。南寬街房子若收回，自然你同二妹移入居住，但對王對寧不可逼，過急，恐其出事。小銅井房動工修理甚好，甚好，但十五萬元付出後，你手中恐已存錢是否要由此筆錢給你們呢，速覆。我為大局事，可能於下月到南京，住何處尚不定，且最近來信開寄特園為妥，培忠若回來，應將本局近情寫信告我為要。餘不盡。

少白 四月廿六日

陸事有無消息，想亦不要緊。

四月十五日及廿二日所写各信均阅悉。南宽街房子若收回，自然你同二妹移入居住。但对王对宁不可逼之过急，恐其出事。小铜井房动工修理甚好，甚好，但十五万元付出后，你手中恐无存钱，是否要由此兑钱给你们呢？速覆。我为大局事，可能于下月到南京，住何处尚不定。最近来信仍寄特园为妥。培忠若回平，应将青岛近情写信告我为要。馀不尽。

漱白　四月廿六日

陆事有无消息，想必不要紧。

第六封　一九四六年五月五日

背景介绍

此信写于自重庆赴上海之前三日，故说“我日内即去上海”。至上海后将转赴南京，在南京设民盟总部，先父将代表民盟主席张澜主持工作于此。

抗战中重庆为中国陪都，1946年5月撤销，国民政府迁回南京，南京又将成为全国政治中心。民盟总部迁南京与此有关。

寧特老棣

五月一日函悉，茲答覆如下：(一)南寬街房

之函捷三侄世設法，(二)小銅井房之經修理甚好，

你如願住，而又有房子住，即移往可也，(三)我不給

你先款，但李仲霑似已離滬，望速問明他在何處，

以便託其辦理，(四)我日內即去上海，有信寄上海海

格路衛樂園七號張佩芬女士轉我，(五)寬兒須

七月中旬回北平，如見擬投考北平藝專，若有考期即（高中畢業後）

當來平，(六)繆子胡同房可出售，但恐無人主持辦理（房契不在我手，要問）

耳，(七)你覓工作莫太急，只能隨緣，不可強求，我行蹤（青島未行）

不定，你尚不能南來，餘不盡，[illegible] 五月五日

五月一日函（寄特老转）悉，兹答覆如下：（一）南宽街房已函捷三促其设法。（二）小铜井房已经修理甚好，你如愿住，而又有屋可住，即移往可也。（三）我必给你兑款，但李仲霑似已离渝，望速问明他在何处，以便托其办理。（四）我日内即去上海，有信寄上海海格路卫乐园七号张佩芬女士转我。（五）宽儿须七月中旬回北平（高中毕业后），恕儿拟投考北平艺专，若有考期，即当来平。（六）缨子胡同房可出售，但恐无人主持办理耳（房契不在我手，要问青岛才行）。（七）你觅工作莫太急，只能随缘，不可强求。我行踪不定，你尚不能南来。馀不尽。

漱顿首　五月五日

第七封　一九四六年五月九日

背景介绍

此信是自重庆到上海后所写的第一封信，随后将去南京设民盟总部，并开始正式出任民盟秘书长，主持盟务。

“借宿职教社楼上”，这是说去南京之前，逗留于上海数日时的事。职业教育社为黄炎培先生创办，因此被认为是职教社派领袖。黄先生参加民盟即代表职教社派。他是民盟中常委，参加政治协商会议（重庆）的民盟代表之一。

“二妹用我们的钱，不要还”。如先父所著《中国文化要义》中的“伦理之于经济”一节所说，“施财是一种义务”，“在经济上皆彼此顾恤，互相负责；有不然者，群指目以为不义”，这是一种中国文化传统。

席朝杰先生，四川秀山人。1924年时为山东曹州中学学生。此后即终身相随工作。

我已於八月廿六到上海，尚無確定住處，昨夜借宿職業社樓上，此地生活太高，而出路又不定，是否久住，不能說，我亦想去青島，看看，但亦不定，我臨來之時已交十萬元與席朝杰令其兄給你，收到後即來信告我，信寄西衛樂園七號張佩芬女士轉，此款給你用及移居南寶衛之用，二妹用我們的錢，不要還，切囑之，餘不細表，

樹白 九月九日

告知修忠等，我來上海了

我已于八日午后到上海，尚无确定住处，昨夜借宿职教社楼上。此地生活太高，而大局又不定，是否久住，不能说。我亦许去青岛，看看，但亦不定。我临来之时，已交十万元与席朝杰，令其兑给你，收到后即来信告我。信寄卫乐园七号张佩芬女士转。此款给你用及移居南宽街之用。二妹用我们的钱，不要还，切嘱切嘱。

馀不尽。

漱白 五月九日

告知修、忠等，我来上海了。

梁漱溟致夫人的四十九封家书

第八封　一九四六年五月十三日

背景介绍

这是接手秘书长一职出川到上海后，将转赴南京之前所写的第二封信。

“我明日即移住张家”。先父之表舅张耀曾（1885—1938），字镕西，曾留日习法律，留日期间参加中国革命同盟会。民国初年为国会参议院议员，为国民党元老。张老居家上海，“张家”即指此。

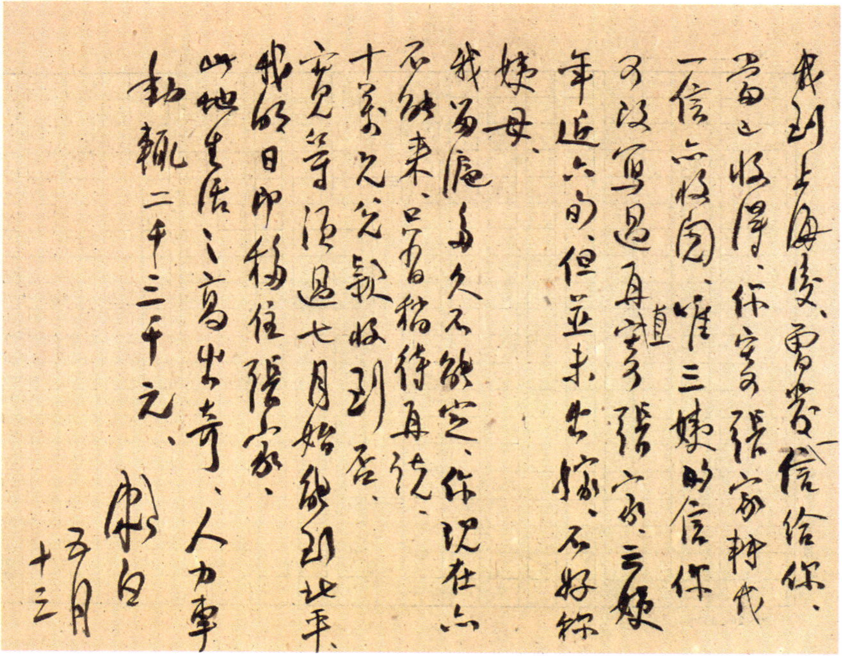
我到上海後，曾寄信給你，
當已收得，你寄張家轉我
一信亦收到，惟三姨的信你
可以寫過再寄直張家，三姨
年近六旬，但並未出嫁，不好稱
姨母，
我的處事久不能定，你現在亦
不能來，只有稍待再說，
十家兄已欲好到居，
家兄等須過七月始能到北平，
我明日即移住張家，
此地生活之高出奇，人力車
動輒二千三千元，
彬白
五月
十三

我到上海后，曾发一信给你。当已收得，你寄张家转我一信亦收阅，唯三姨的信你可改写过再直寄张家。三姨年近六旬，但并未出嫁，不好称姨母。

我留沪多久不能定，你现在亦不能来，只有稍待再说。

十万元兑款收到否？

宽等须过七月始能到北平，我明日即移住张家。

此地生活之高出奇，人力车动辄二千三千元。

漱白 五月十三

梁漱溟致夫人的四十九封家书

第九封　一九四六年五月二十七日

背景介绍

这是到南京后所写之第一封信。

“五月初肯定下来，于五月八日就离重庆而飞上海，过了几天才转南京，设民盟总部于蓝家庄。张表老不出川，一切由我做主。”（见《我参加国共和谈的经过》一文）

以上这些话可说明如下：

先父经一再推辞之后，为顾全大局，终于同意出任民盟秘书长，全面负责民盟工作，即“一切由我做主”，遂于5月初飞上海转南京。从此开始了忙碌且紧张的和谈活动。“我等五人明早一同入京”，即民盟参加政协的代表张君劢等五人由上海同去南京。

张表老即民盟主席张澜（1872—1955），字表方，四川南充人，为民盟创建人和领导人之一。

蓝家庄，南京市地名。民盟所租两层小楼作为总部办公之地。君劢即张君劢先生，任之即黄炎培先生，衡山即沈钧儒先生，及章伯钧先生，均为民盟中常委，同时也是参加政协会议的民盟代表。

頃經決定我等五人（君勱、任之、衡山、伯鈞）明早一同入京努力和平運動，以後通訊可寄南京雞鳴寺蔡家莊十五號、同盟辦事處。北大研究所工作不合適可即辭去，我已函告鄧穎超矣。你不同小青來京亦好。南寬街房，似要交涉，我已函王捷三。培恕已回平否，盼培修來信。

漱手

廿七日

顷经决定，我等五人（君劢、任之、衡山、伯钧）明早一同入京努力和平运动，以后通讯可寄南京鸡鸣寺蓝家庄十五号（同盟办事处）。北大研究所工作不合适可即辞去，我已函告郑毅生矣。你不同小青来京亦好；南宽街房，仍要交涉，我已函王捷三。培忠已回平否？望培修来信。

漱顿首　廿七日

第十封　一九四六年六月

背景介绍

从信中说“五月十七日信悉”来看，此信似写于1946年6月初。

郑即郑毅生，时任北京大学秘书长，为我们的表叔（先父之表弟）。夫人是经他介绍去了北京大学一研究所当职员。

李器之为原山东乡建工作同人。

五月十七日信悉。北京大學研究所到底是什麼事，你應當對鄭問明白再去，今日既去了，且耐下去看，如果不相宜，即速辭職，我早說過，不要你着急，李器之人還可靠，有些事可交他作，南寬街房應囑培修，叫李明去看，或託宮門口一位弟弟，陪同你去看，並應修整，來信，至要至要。

彬手字

五月十七日信悉。北京大学研究所到底是什么事，你应当对郑问明白再去。今日既去了，且耐下去看，如果不相宜，即速辞职。我早说过，不要你着急。李器之人还可靠，有些事可交他作。南宽街房应嘱培修叫李明去看，或托宫门口一位弟弟陪同你去看。并嘱修侄来信，至要至要。

漱手字

梁漱溟致夫人的四十九封家书

第十一封　一九四六年六月十二日

背景介绍

此信写于南京蓝家庄。

“江苏路房”为先伯父之遗产。“宫门口”（胡同名，在北京西四白塔寺附近）为先父之二叔梁引年（同曾祖）住处。

“艮庸已到南京，不日赴青”。即先父学生黄艮庸已由四川来南京，将去青岛与因抗战而分离八年之妻儿团聚。

樹蘇大人轉告修姪：青島江蘇路房要驗契，二姐來信擬託人延緩，因為契紙存宮門口不易取來，我想為不要延緩，你可從宮門口取回，也好用双掛號寄青島，以便他們在青辦此手續。至要至要。

李仲霞上海地名請再告我。

民庸已到南京，不日赴青。

冲寄　十二月十二日

树棻夫人转告修侄：

青岛江苏路房要验契，二姐来信拟托人延缓，因为契纸存宫门口不易取来，我认为不要延缓，你可从宫门口取回，包好，用双挂号寄青岛，以便他们在青办此手续，至要至要。

漱寄　六月十二日

艮庸已到南京，不日赴青。

李仲霱上海地名请再告我。

第十二封　一九四六年六月十六日

背景介绍

民盟总部由重庆迁南京后，先父作为秘书长，即常驻于此，但有时又因事赴沪。来往京沪之间是常事。

“现在大局可望好转”，当时形势似见好，实际上后来大局不断恶化，因蒋介石虽从不表示拒绝和谈，但实际上坚持打内战，撕毁政协决议。

“我太忙，……”，这是实情。

“青岛方面家眷”，指居住在青岛的大嫂及其子女。

樹棻丈人如晤：

我於十四日去上海，十五日即轉來，衛樂
園的大舅母於上月卅一日無疾而終，所以我去
看看，同時亦為大局的事。你問我為何一人獨
留南京，其實不過其他同人先去，我後去，
其他的人後回來（今日已到京滬），我先回來
而已。現在大局可望好轉，報紙所傳我事
多過甚其詞，不足信也。來信所問兩事
茲答如下：

一、王家移走即不要再问、宁家来移、暂
時不必催促、但說明青島方面家眷来了、人
多時、請他讓出、
二、你同二妹可即移入、寬些等一時为不能来、
大局未安定、二妹不能回鄉、
三、李仲霖兄款々无回信、大概地名不清楚之故、
我託我今另外託人兑十五万元给你、請你即着用、
如果我即着下来的錢、你不必即着用、便對不住
我了、你說是不是、再者此十五万元係兑交宫门
口二叔轉交你、
四、大局不定你暫時不能南来、我太忙亦不能寫
長信给你、

仲信

六月十六日

树棻夫人如晤：

我于十四日去上海，十五日即转来。卫乐园的大舅母于上月卅一日无疾而终，所以我去看看，同时亦为大局的事。你问我为何一人独留南京，其实不过其他同人先去，我后去；其他的人后回来（今日已到齐），我先回来而已。现在大局可望好转，报纸所传战事，多过甚其词，不足信也。来信所问各事，兹答如下：

一、王家移走，即不要再问。宁家未移，暂时不必催促。但说明青岛方面家眷来了，人多时，请他让出。

二、你同二妹可即移入，宽、恕等一时尚不能来。大局未安定，二妹不能回乡。

三、我托李仲霑兑款无回信，大概地名不清楚之故。我今另外托人兑十五万元给你，请节省用。如果我节省下来的钱，你不节省用，便对不住我了，你说是不是。再者，此十五万元系兑交宫门口二叔转交你。

四、大局不定，你暂时不能南来。我太忙亦不能写长信给你。

漱溟　六月十六日

梁漱溟致夫人的四十九封家书

第十三封　一九四六年六月二十四日

梁漱溟家书
第十三封
1946年6月24日

背景介绍

此信写于先父到南京，主持民盟总部工作不久。从此信内容来看，夫人似有意由北平来南京共同生活，而先父当时正忙于参与国共和谈，故婉拒之。后来此事也并不曾实现。

信中说：“我并不盼望你来，亦不反对你来。”显然是夫人对先父一向以奔赴大事为重，不愿为家室所累缺乏理解。

先父一向以为他有两个“家”；“一面是家庭，是家庭的一员”，“一面是朋友团体的一员，朋友相聚处就是我的家”。上世纪20年代起，他与许多志同道合的朋友同住共学时，即以住于朋友之处为多，而甚少宁家。

培修來電聞悉，上海長住家家屬，南京或者不以，亦甚勉強。你南來之後再要斟酌的就是你令妹的問題。假如有辦法，自然可以來，如其令妹無安置，則你來亦甚勉強。我並不贊成你來，亦不反對你來。餘不盡。

剛復

廿四

培修来电阅悉。上海无住家之处，南京或者可以，亦甚勉强。你南来与否再要斟酌的，就是你令妹的问题。假如有办法，自然可以来。如其令妹无安置，则你来亦甚勉强。我并不盼望你来，亦不反对你来。馀不尽。

漱溟　廿四

梁漱溟致夫人的四十九封家书

第十四封　一九四六年七月十一日

背景介绍

写此信时已到南京约两个月。两个月来，处理问题甚多。首先，“东北停战签字逾五十日，而双方激战未已”，为此，民盟政协代表特致电国共两党领导人蒋介石毛泽东，“吁请即刻停战”，并提出“中共军队撤出长春”、“中央不再进兵长春”，由“东北政务委员会驻长春主持政务”等建议。但此建议并未被接受。此外，在这两个月内为民盟常委杜斌承于西安发行之《秦风工商日报》遭捣毁，被迫停刊，及盟员被诬为“烟贩”遭非法枪决等事向政府提出抗议。又为上海人民请愿团在下关车站被殴辱事，致函国民党代表。总之，当时民盟一方面为停战而积极奔走，一方面又为受迫害而斗争。

在如此忙碌紧张之日，而北平种种家庭事务仍令他操心，实在令他感到有些无奈。信文十分简单，似与此有关。

樹棻夫人：多日不見來信，是否忙於搬家？關於修理房子及搬家情形望告我。研究所工作結束否？我託李仲雲兄本月份十萬元收到否？關忠樞等自青來平，已到否？倘如他們都來了，據修是否可以住在家裏，對于你照料他們？修極十分明白，我知其處事必能合理也。若仍住中南海，亦宜時常回家為好。餘不盡。

剛侯 七月十一日

树棻夫人：

多日不见来信，是否忙于搬家？关于修理房子及搬家情形望告我。研究所工作结束否？我托李仲霑（本月份）兑十万元收到否？闻忠侄等自青来平，已到否？假如他们都来了，培修是否可以住在家里，帮你照料他们？修侄十分明白，我知其处事必能合理也。若仍住中南海，亦宜时常回家为好。馀不尽。

漱溟 七月十一日

梁漱溟致夫人的四十九封家书

第十五封　一九四六年七月二十二日

背景介绍

写此信时，先父在南京主持民盟工作已两个多月。

“宫门口的小妹出走”。小妹即先父二叔梁引年之女，名梁焕杰，她曾往张家口市（时为中共占领，是解放区）短期参观学习。“小妹出走”即指此。她在张家口参观学习后，又返回北平。

信中说家具“其中有些贵重的，如红木穿衣镜之类”。记得红木家具确有一套，是配套的，方桌、圆桌、茶几、座椅、书桌及穿衣镜等。记得是我们生母于上世纪30年代初购自一拍卖行（位于崇文门内路东，专出售二手货的）。“文革”中抄家时，这些家具全部被“革命小将”肢解，变成许多木板、木棍。唯有那书桌被运走；“文革”末期又通知去认领回来。

信中所说“缨子胡同楼上所存之物”，那多是些书籍和文稿之类。抗战八年中，此处房屋由老工人一家借住，并托其代为看管。那些书籍文稿早已被他作为废品变卖一空了。所以“宜往清理”，已无必要。先父早年所写文稿等可能在其中，竟全部丢失，很是可惜。

前託李仲雲君十萬元，應不致有誤，試
詢之李家可也。前門宮門口的小妹出去，不知近
日回來否，念念。我亦頗想回北平一時，無可
能，奈何奈何。七月底你的工作結束後，家中事們
可自己料理，不用工人，培昭及民庸到北平後，他
們亦只有自己作事，不能用人，但我此意只是一種提
議，你們大家斟酌可也。小銅井有我們的家具，可取
來用，其中有些貴重的，如紅木穿衣鏡一類，不知尚
存有否，假如有，宜加珍惜。纓子胡同樓上所存之物
培忠、培昭宜經清理。此寄
樹芬夫人

炳濬　七月廿二日

前托李仲霑兑十万元，应不致有误，试询之李家可也。前闻宫门口的小妹出走，不知近日回来否？念念。我亦颇想回北平，惜一时无可能，奈何奈何。七月底你的工作结束后，家中事似可自已料理，不用工人。培昭及艮庸到北平后，他们亦只有自己作事，不能用人。但我此意只是一种提议，你们大家斟酌可也。小铜井有我们的家具，可取来用，其中有些贵重的，如红木穿衣镜之类，不知尚存有否？假如有，宜加珍惜。缨子胡同楼上所存之物，培忠、培昭宜往清理。此寄
树棻夫人

漱溟　七月廿二日

梁漱溟致夫人的四十九封家书

第十六封　一九四六年七月二十八日

背景介绍

此信是为调查李、闻遭暗杀案将自南京去昆明之前所写。

1946年7月11日，李公朴先生在昆明被国民党派人暗杀。7月15日，联大教授闻一多在参加李公朴先生追悼会后，又被特务杀害。李、闻二位都是民盟中常委，他们被杀害是对民盟的严重打击。此时南京和谈工作正十分紧张，但先父作为民盟秘书长必须亲自处理此事，一面向国民党提出严重抗议，一面要求国民党派员，与民盟人员共同往昆明调查。国民党拒派正式代表，而是由“政府派一秘书作随员照料一切”。信中又说，“自己亦携带一人同去”，这是指当时民盟副秘书长周新民（中共党员），也同去昆明。

此时，李、闻遭暗杀事发生不久，夫人自难免感到有些草木皆兵。因此信中安慰说：“我是平安的，永远平安的。”事实表明，1939年于敌后为日军包围时，1942年自香港坐小木船逃回大陆时，先父均镇定自若，处之泰然。

樹棻大人：廿五日函收閱，我給你的信已經很多，為何還要催我寫信？你不要瞎着急害怕，好似有神經病一樣，我是平安的，永遠平安的，任什麽事亦不會有，你放心睡覺好了，我出去是好的，不行，若餓要餓那些的人，不多日即回來，我去時由政府派一級書記隨員照料一切，自己亦帶第一人同去，你七月份信來後，不要再出去工作，關於忠琛等的生活和功課安排，告訴忠及佩給我來信，此信亦給他們看看，培安在重慶報考，考完再來北平，現在得書我樣，前次信已說過了，餘不多寫。

佩如寫 廿八日

树棻夫人：

廿五日函收阅，我给你的信已经很多，为何还要催我写信？你不要瞎着急害怕，好似有神经病一样。我是平安的，永远平安的，任什么事亦不会有，你放心睡觉好了。我或者去昆明一行，安慰安慰那边的人，不多日即回来。我去时由政府派一秘书作随员照料一切，自己亦携带一人同去。你七月份结束后，不要再出去工作。关于忠、璐、琛等的生活和功课安排，告诉忠及修给我来信，此信亦给他们看。培宽在重庆投考，考完再来北平。现在没有飞机，前次信已说过了。馀不尽。

漱手字　廿八日

第十七封　一九四六年八月十七日

背景介绍

此信写寄于昆明，当时李、闻案调查工作已告一段落，将离昆明回南京。

据先父自己的文字，1946年去昆明调查李、闻二人被国民党暗杀案，是8月6日到，22日由昆明返回南京。此信写于8月17日，即尚滞留于昆明时所写。“我原定昨日回南京”，即打算8月16日飞回南京的，但“未走成”。

去昆明前，先父在南京代表民盟曾向各界发表重要谈话，其要点是：“我们抗议，李、闻二位被国民党特务杀害了。”“李、闻两先生都是文人、学者，手无寸铁，除以言论号召外别无其他活动。假如这样的人也要赶尽杀绝，请早早收起宪政民主的话”，“不要再以此欺骗国人”。“我们要求尽快取消特务机关”。“我们正告政府当局，这种机关不取消，民盟不参加政府”。“我要连喊一百声取消特务”。“我倒要看看国民党特务能不能把要求民主的人都杀光。我在这里等待着他”。

此信大部分内容是谈论如何承担家人，以及长兄之子女的生活开支。自己收入有限，且往往不固定，而责任又不容推卸，处于两难之中。当时为北平家事所牵累，为以往所少见，真有些无可奈何。而且当时民盟工作的担子很重，又很忙。

樹棠夫人：我原定明日回南京，未克成
今日收到你十四日信，甚慰。當然等你來
到平。其出意料之外，既謀投考，當然可
如何也。你的工作問題七月底為止，你們又到八月，因
為我的工作不易放在北平，所以我的計劃，還
是打算你回來的。你最好一面替你二妹設
法，一面不要把工作關係太固定，以便有機會
即離北平為望。至於你們在北平期間的
生活費，我自然負責。你此次信中所說每
月廿七萬銀元，不知是幾箇人的費用。若加

育如二人，還須若干？以我想你母子三人，我加上二妹的費用，我負擔得了，若是超過此範圍，則我不敢說了。現在每月廿七万元是否忠培等皆在內？望速函告我，函寄南京為安，我已屬寬等將我南京存款帶平，他們到平即省錢，不必急，但為長久計，我卻須有把忠培他們算在內，此事應由培照、培修、培忠三人商量計算一下，把商量的意見函告我，我方好統盤打算而進行也，希即以此信示照等為要。餘不具。

周 字 八月十七日

再修母是否九月可到平？

树棻夫人：

我原定昨日回南京，未走成，今日收到你十四日信，甚慰。宽、恕等尚未到平，甚出意料之外，既误投考，亦无可如何也。你的工作闻七月底为止，何以又到八月？因为我的工作不易放在北平，所以我的计划，还是打算你南来的。你最好一面替你二妹设法，一面不要把工作关系太固定，以便有机会即离北平为望。至于你们在北平期间的生活费，我自然负责。你此次信中所说每月廿七万馀元，不知是几个人的费用？若加宽、恕二人，还须若干？以我想，你母子三人或加上二妹的费用，我负担得了，若是超过此范围，则我不敢说了。现在每月廿七万馀元是否忠侄等皆在内？望速函告我，函寄南京为妥。我已嘱宽等将我南京存款带平，他们到平即有钱，不必急。但为长久计，我却没有把忠侄他们算在内，此事应由培昭、培修、培忠三人商量计算一下，把商得的意见函告我，我方好统盘打算而进行也。希即以此信示昭等为要。馀不尽。

漱字　八月十七日

再，修母是否九月可到平？

梁漱溟致夫人的四十九封家书

第十八封　一九四六年八月二十八日

背景介绍

此信是由南京去上海又返回南京后所写。

为代表民盟去调查民盟两位领导成员李公朴与闻一多教授被国民党特务所暗杀案后，22日回到南京，随即去上海，于25日举行记者招待会，报告调查结果，向社会公布国民党的残暴罪行，控诉政府当局。关于调查结果，详见《回忆参加调查国民党暗杀李闻案》和《李闻案调查报告》。这都是由先父执笔的。

“用钱不必太分清”，盖伯父在世时与先父从未有财产分割之事（即不曾分家），兄弟骨肉间不应“太分清”，何况伯父已故去，其子女更应由他关心照顾。此伦理情谊，为中国人所看重，是我国的一种文化传统。先父《中国文化要义》一书，对此论述颇详。可参阅。

樹蓀夫人如晤：我於本日回南京，從昆明發的信收到否？前託人兌上六十餘萬元，收到後速覆我一信。此款以壕兒入學為主要用途，兼作家用。在經期內我們與大嫂方面用錢不必太分清，但究竟是分是合，却要於他們到平後說定才行。此層我已函聯好言之。壕僑的紙的白，書給一同考慮此問題也。壕實在此考金大後，再決定考北平與否。壕如宜給我寫信，報告他的情形。盼盼。餘不具。

樹曰 廿八日

树棻夫人如晤：

我于本日回南京，从昆明发的信收到否？兹托人兑上六十余万元，收到后速覆我一信。此款以培恕入学为主要用途，兼作家用。在短期内我们与大嫂方面用钱不必太分清，但究竟是分是合，却要于他们到平后说定才行，此层我已函昭侄言之，培修亦很明白，当能一同考虑此问题也。培宽在此考金大后，再决定去北平与否。培恕宜给我写信报告他的情形，至盼至盼。馀不尽。

漱白　廿八日

第十九封　一九四六年九月四日

背景介绍

写此信之时个人内心已作决定：“我辞民主同盟秘书长即回川，住北碚。”但尚未正式提出。

先父接任民盟秘书长之前，曾“言明只干三个月，再多就不干了”。这一方面是当时对国共和谈可取得结果较乐观，一方面是总不忘从事中国文化研究，故作此表示。但接手秘书长至写此信时已满四个月（5、6、7、8月）了，而因蒋介石决心打内战，和谈结果希望愈加渺茫。后来实际上延迟到十一月初才辞去此职，离开南京的。

本月（九四日）收到八月卅一夜所寫一信，内有賬
單甚詳，上次信曾云培修未收米價，此
次列入四萬元，是否他又收了？又前信云培
忠去青領六萬元走了，此次未列入，是否他
還回來？昨託人兑你六十四萬餘元，收得後
速即來信，我辭民主同盟秘書長即回川，
住北碚，你最好由平飛渝，不必來京滬，以
下幾件事希分别告知各人為要，或將此
信給他們看，

一、培忠培修等總不見來信，甚不對，应
速寫信來，

二、我已屬寬兒告恕兒把他自己入學和
事寫信來，应即寫一詳細信，

三、民庸培昭亦望來信，

寬兒明日赴金大考試，

漱溟 九月四日

本日（九四日）收到八月卅一夜所写一信，内有账单甚详。上次信曾云培修未收米价，此次列入四万元，是否他又收了？又前信云培忠去青领六万元走了，此次未列入，是否他还回来？昨托人兑你六十四万馀元，收得后速即来信。我辞民主同盟秘书长即回川，住北碚，你最好由平飞渝，不必来京、沪。以下几件事，希分别告知各人为要，或将此信给他们看：

一、培忠、培修等总不见来信，甚不对，应速写信来。

二、我已嘱宽告恕儿，把他自己入学各事写信来，应即写一详细信。

三、艮庸、培昭亦望来信。

宽儿明日赴金大考试。

漱溟　九月四日

梁漱溟致夫人的四十九封家书

第二十封　一九四六年九月七日

梁漱溟家书

第二十封

1946年9月7日

背景介绍

此信9月初写于南京民盟总部。

当时国民党蒋介石提出中共必须撤出苏北、皖北、黑龙江、吉林、哈尔滨等地及胶济铁路沿线，否则不同意停止其军事行动。这些无理要求中共当然不能接受，于是内战在升级。民盟此时即忙于调解工作，以阻止内战之扩大。

培昭、培修、培忠，均为长兄之子女，当时在北平。先父之长兄此时已故去约三四年，故先父负起家长之责，关心他们的生活、工作与学习等问题。

政治協商會議便箋

樹森弟大人：九月四日信收閱，六十元款收到，你不可亂花用錢，送給禮不要太貴，培如帶平之像片冊頁等件要好好保存，培照帶平之物，有應交你收存者亦希收好，但我不知其全帶來何物，他自能說明了也。培忠學校不可再耽誤，並常常來信給我，餘不盡。

你母字 九月七日

树棻夫人：

九月四日信收阅。六十万款收到，仍不可松手用钱，送贺礼不必太贵。培恕带平之像片册页等件要好好保存，培昭带平之物，有应交你收存者，亦希收好。但我不知其全带来何物，他自然能点交也。培忠学校不可再耽误，并应常来信给我。馀不尽。

漱手白　九月七日

梁漱溟致夫人的四十九封家书

第二十一封　一九四六年十月十八日

背景介绍

“大局有好转之望”，这是先父对当时所进行的和谈的乐观估计。故说，“青不必回乡”。青即邹晓青，先父大妹之长子，当时为中共驻南京代表团工作人员。先父估计错误，以为和谈将成功，中共代表团自不必撤回解放区，而邹晓青也“不必回乡”，回乡即离开南京，回解放区之意。至于修侄也无需“准备远行”（即随晓青去解放区），“静静等候好了”。但以后事实证明，此估计完全错了。这一轮和谈又以失败告终，和谈大门从此完全关闭，国共关系彻底破裂了。

1946年1月底政治协商会议（重庆）所取得的重大结果，即成立各党派参加的联合政府，废止国民党的一党专政、蒋介石个人独裁，建立民主宪政的政治体制等，这些国人企望实现的美好愿望，至此完全破灭了。

樹棻夫人如握：你收了多日不來信，使我納悶，今日收到培昭來信，知其最小之子生黃病，又知培修準備遠行，現在請你告訴培修及其母，大局有好轉之望，暫不必回鄉，廿日內不能來平，修姪一切靜靜等候好了，再請你送給昭姪五百元，他已沒有錢了，而小孩又生病，這是必需的，另說你送他，不一定說我叫你送，前托鄧十叔兌十五萬元，當收到，我隨後再兌錢給你，你不悞，盼望來信，你不來信，我不是想念呀，總不安，十月十八日早 樹棠

树棻夫人如握：

你何以多日不来信，使我纳闷。今日收到培昭来信，知其最小之子生黄病，又知培修准备远行。现在请你告诉培修及其母，大局有好转之望，青不必回乡，廿日内亦不能来平，修侄一切静静等候好了。再请你送给昭侄五万元，他正没有钱而小孩又生病，这是必需的，只说你送他，不一定说我叫你送。前于双十节兑十五万元，当已收到；我随后再兑钱给你，不误。盼望来信，你不来信，我亦是想念呀！馀不尽。

十月十八日早　漱寄

梁漱溟致夫人的四十九封家书

第二十二封　一九四六年十一月一日

背景介绍

先父于1946年11月3日终于辞去秘书长职，随后飞北平，稍作逗留，即将转飞重庆。此信写于将自南京起程飞北平之前两天。

先父数十年来为中国政治问题所苦恼，亦不断用心，有了自己的见解。“中国政治问题有二：一、统一问题；二、民主问题”。“不过，民主只能在统一中求得，统一可离开民主，民主却离不开统一”。辛亥革命以来数十年，中国绝大部分时间处于分裂中。而“统一问题是中国民族的生死问题。统一才是生机。不统一便是死路”。政治协商会议如能认真实施，中国政治的两问题——统一与民主，将得到解决。所以他积极参与政治协商活动，而在达成五项协议后，又力促其实现。当蒋介石及国民党右派极力破坏协议、坚持打内战时，他又出任民盟秘书长，与盟内同志一起，为扭转协议遭撕毁之危局而努力。可是，经过约半年的奔走，而事终无可为，他便绝然离开秘书长的岗位，远走四川了。

在此，可用他自己的话总结这段经历："抗战中奔走团结，胜利后争取和平，逐逐八年不敢惜力；一旦料知和平无望，即拔脚走开，……要无非自行其所信，一贯而不移。"（《寄晓青甥信》）

今日電匯廿元到平，可向金城銀行北大分處問取，係廿九日信收到，錢須五日或六日或七日到平，仍望你來信。

樹棻夫人

仲滄

十一月一日

今日电汇廿万元到平，可向金城银行北大分处问取。你廿九日信收到。我须五日或六日或七日到平。仍望你来信。

树棻夫人

漱溟　十一月一日

梁漱溟致夫人的四十九封家书

第二十三封　一九四六年十一月二十三日

梁漱溟家书
第二十三封
1946年11月23日

背景介绍

先父11月初辞去民盟秘书长职，先飞北平，再转重庆。此信是入川至重庆北碚后所写第一封信。

樹棠夫人如晤：我於廿二日午后三時抵滬，有許多人來接，故無困難，今定星期二回此信學校，有信直寄此信為要。你住屋遷移否？大爺向增租事辦理如何？大爺向房契送地政局第四科看過否？此事單辦，不必等待其他房契同辦。陽曆日子多了，不如乘熱進行。南京子女廿號之收到否？你沒有御寒大衣，是否要添一件？以上各事均望回信告我。餘不盡書。

剛復手 廿三夜

树棻夫人如晤：

我于廿二日午后三时抵渝，有许多人来接，故无困难。今定星期二回北碚学校，有信直寄北碚为妥。你住屋迁移否？火药局增租事办理如何？火药局房契送地政局第四科看过否？此事单办，不必等待其他房契同办，隔开日子多了，不如乘热进行。南京五十万元收到否？你没有御寒大衣，是否要作一件？以上各事均望回信告我。馀不尽。

漱溟顿首　廿三夜

梁漱溟致夫人的四十九封家书

第二十四封　一九四六年十二月四日

背景介绍

这是1946年11月初退出和谈至重庆北碚后写的第二封信。信中劝夫人来四川；此事1947年方实现。

樹棻夫人：

筆筒亦買得了。

我於廿八日到此後，住書院中，院址在華山，冬天頗冷，幸帶絨被，已覓出，又有皮大衣，可以禦寒，你若願來此間，還可以來，將家事小作安排，我當託人購給你飛機票，南京五十萬收到否，該用之錢不必省，將寫至此處，有事去滬，今日回校續寫。我審量我四個月不見得能回北平，我想你還是來川的好，我寫信給宵，要他寒假回北平，他自己會用功，即使不入學校，光陰亦不白過。若能轉學自然亦好，在他到平後，你可將家中事一概交他。這孩子是好孩子，又忠實，又細心，你可交給他經管，與你未完的事，一定不會錯，你放心離平。我們在川安定一個時期，我未嘗不愛北平，無奈我們不作非在四川不可。你只有隨我們住，不宜分開，人生不過幾年也。餘不盡述。 小東信。 聞宥。

此函今午後發 附信。 十二、四。

树棻夫人：

我于廿六日到北碚，住书院中，院址在半山。冬天稍冷，幸鹅绒被已觅出，又有皮大衣，可无问题矣。你若愿来此间，还可以来，将家事小作安排，我当托人给你购飞机票。南京五十万收到否？该用之钱不必省。

将写至此处，有事去渝，今日回校续写。我审量我四个月不见得能回北平，我想你还是来川的好。我写信给宽□，要他寒假回北平，他自己会用功，即使不入学校，光阴亦不白过。若能转学，自然亦好。在他到平后，你可将家事一概交他，这孩子是好孩子，又忠实，又细心，你交给他继续办你未完的事，一定不会错。你放心离平，我们在川安定一个时期。我未尝不爱北平，无奈我的工作非在四川不可，你只有随我作伴，不宜分开，人生不过几年也。馀不尽，望□来信。

漱寄　十二、四

笔筒亦觅得了。

此为分手后第□封信。

梁漱溟致夫人的四十九封家书

第二十五封　一九四六年十二月九日

背景介绍

这是由南京回到北碚后所写第三封信。

此时先父辞去秘书长约有一个月了。他在北碚“半山的楼上”，此楼在半山腰，东望即是嘉陵江，西距勉仁中学校区不远。《中国文化要义》一书即撰成于此。他在此住了有两年，即1947年底到1950年1月出川入京。

“有一你老同学胡玉贞，是舒舍予太（太）”，似指夫人的北师大同学胡絜青，作家老舍之夫人。

樹藥夫人：今日接上月廿九日來信，是你第一封信，而我現在所寫，則是我第三封信矣。

我住在半山的樓上，下面即嘉陵江，風景絕佳，一間臥室，一間書房，冬天不冷，夏天雖說甚涼快（和北平比），每日講課二小時，不忙亦不閒，早點及兩餐皆有一工人伺候，甚合需要，倘若你來，更可以合口味，而且不加菜，是夠兩人吃的（現在兩菜一湯，有時三菜），更經濟也，早點是牛奶雞蛋麵包，比在北平家裏還舒服，你聞之亦可放心了。

五十萬款計當收到，倘未到，可函培寬，令其向你出收條，家人事如何，更望來信，大弟為房租事，為盼。

穈

十二月九 燈下

有一你老同學胡玉貞，是舒舍予太

心、

树棻夫人：

今日接上月廿九日来信，是你第一封信，而我现在所写，则是我第三封信矣。

我住在半山的楼上，下面即嘉陵江，风景绝佳。一间卧室，一间书房，冬天不冷（和北平比），夏天听说甚凉快。每日讲课二小时，不忙亦不闲，早点及两餐有一工人伺候，甚合需要。假若你来，更可以合口味，而且不加菜足够两人吃的，（现在两菜一汤，有时三菜）更经济也。早点是牛奶鸡蛋面包，比在北平家里还舒服，你闻之亦可放心了。

五十万款计当收到，倘未到，可函培宽，命其向徐先生促问。房（契）事如何？更望来信。火药局房租事亦□□为盼。

漱　十二月九　灯下

有一你老同学胡玉贞，是舒舍予太（太）。

梁漱溟致夫人的四十九封家书

第二十六封　一九四六年十二月十一日

背景介绍

写此信时先父入川已约有一个月了。

樹藩丈人：昨日收到上月廿九來信，已經作覆，今日又收本月二日來信，即不再詳覆，只寫此小條。關於各房房契問題，我在遠處，不能拿主意，你同徐科長及陸公大商量着辦，不必等待問我，登報聲明及市府呈文，都請公大代起草，由忠恕問陸回件，合用不合用，就行了。三處房都不用我出名，免得問題。南京五十万款日內必到，餘不盡，彬白 十二月十日

树棻夫人：

昨日收到上月廿九来信，已经作覆。今日又收本月二日来信，即不再详覆，只写此小条。关于各房房契问题，我在远处，不能拿主意。你同徐科长及陆公大商量着办，不必等待问我。登报声明及市府呈文，都请公大代起草。由忠侄问陆四叔，合用不合用，就行了。三处房都可用我出名，无何问题。南京五十万款日内必到。馀不尽。

漱白　十二月十一日

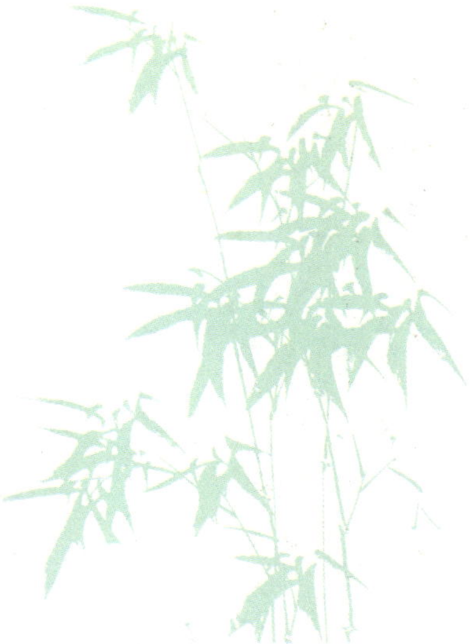

梁漱溟致夫人的四十九封家书

第二十七封　一九四六年十二月二十一日

背景介绍

这是继12月11日一信后之又一信。当时先父住在重庆北碚。“我在北碚不动”，即表明极少离开北碚去重庆市内。北碚距重庆市区约百余里，而距北温泉不过数里。

樹棠丈人：十二月九日寄鮮家一信已轉來收閱。我在此碌碌不動。有信寄勉之最安。南京五十方收得否。關於房契寫過用款必多。我已囑寬兒優兌三十方。收到後告我。向政府上一呈文及登報聲明。可請陸公大老擬起草。你可說我寫信說要託他才行。徐科長處我擬函謝，其封信他的職是什麼，是否書「琴」二字呢。餘不盡。

[illegible]字 十二月廿一日

树棻夫人：

十二月九日寄鲜家一信已转来收阅。我在北碚不动，有信寄勉中最妥。南京五十万收得否。关于房契问题，用款必多，我已嘱宽儿续兑三十万，收到后告我。向政府上呈文及登报声明，可请陆公大表侄起草，你可说我写信说要托他才行。徐科长处我拟函谢其帮忙，他的号是什么，是否“书琴”二字？馀不尽。

漱手字　十二月廿一日

梁漱溟致夫人的四十九封家书

第二十八封　一九四六年十二月二十二日

背景介绍

这是12月21日寄出一信后，次日又写寄的一信。看来是因为夫人“满处发信问人”之故，责备夫人“不要这样发神经病”。

黄二哥即我们生母之二哥。

樹棻夫人：十六日信收閱，你以後不要這樣發神經病，我偶然無信，不是郵政有阻，便是我有事，過兩天自然有信，儘管心裏着急，亦不必滿處發信問人，豈不讓人笑話，關於三處房契事，均經徐科長擬稿，甚可感，速將他名號住址開給我，以便寫信致謝，過陽曆年可給他家送點食品禮物，我又需寄費兌給你父親，收到後報告我，黃二哥處我已去信促向大前局房租事，你便中再去問他一次，胡玉貞在北碚住家，何未作事，殊不妥，又前局房契不能登記，是何故？

之失而請綫

鄉匡　十二月廿二日

树棻夫人：

十六日信收阅。你以后不要这样发神经病，我偶然无信，不是邮政有阻，便是我有事，过两天自然有信。尽管心里急，亦不必满处发信问人，岂不让人笑话。关于三处房契事，均经徐科长拟稿，甚可感。速将其名号住址开给我，以便写信致谢。过阳历年，可给他家送点食品礼物。我又嘱宽儿给你兑款，收到后报告我。黄二哥处，我已去信促问火药局房租事，你便中再去问他一次。胡玉贞在北碚住家，似未作事。馀不尽。

漱溟　十二月廿二日

火药局房契不声□□失，而请缓登记，是何故？

梁漱溟致夫人的四十九封家书

第二十九封　一九四六年十二月二十四日

背景介绍

此信写于1946年年底。此时离开民盟秘书长岗位已有两个月了。

此信又议及夫人入川事，但后来仍未实现。

信中说：“我算计明年六月，大局必可解决。”后来事实与此正相反。1947年6月1日，国民党动用大批军警和特务，在上海、北平、天津、武汉、重庆、成都、广州、西安、太原等大城市，进行全国范围的大逮捕，打击民主进步力量。重庆民盟的《民主报》工作人员数十人被捕。这实际上是国民党于10月份，将宣布民盟为“非法团体”的前奏。

樹棻夫人如握：寬兒有信寄你否，他約二月初旬可到平，你最好於他到後十天來川，即二月廿日光景，雖現在還有兩個月，總遠些，早些來此過年，本有趣，惜你與寬不能接頭，有些東西不及請寬兒取得而帶來此間了。你來此之前，要將家中東西收拾好，分別標明號數，內容，交代給寬兒，他自然會用心的。陳府上神主牌匣，我主張你携至岳父墳前焚化，（於陰曆年除夕行之）另將岳父岳母相片隨身帶川，遇誕辰忌辰上供，如此最妥善，不知你贊成否，再則，關於三處房產都交給寬恕等辦理，臨走前交代清楚，寬兒不致有遺失賠誤等弊，不過大約向增相如須先辦妥，寬兒對其二舅說話還甚有力也。你來時不必多帶被褥，只一薄被即可，因此間足敷用，且天氣漸暖也，你的衣服在此只有冬衣，天一暖便無衣可穿，南京的衣箱由寬帶平後，你檢出其合於用者酌量帶來，大約以夾衣為主，單衣亦帶一件，你的東西非隨身要用者亦不必帶，在川亦非久住，且川平之間仍可來往也，你的工作即在勉仁中學任教，俟稍熟習再管家務，初來時只教國文歷史可也，此間專有一男工伺候我，能作麵片、麵條、蒸饅首、包餃子，但不會烙餅了，作菜不得味，你來了之後，便可有辦法，北平近日冷不冷，你們生火沒有，你作大衣沒有，拿出你被沒有，後一次公款收到沒有，其餘不盡，祝你安好，漱手寄 十二月廿四日

文淦二妹怎麼樣，他暫不忙回家，要局面定了才好，萬一又翻過來，必演慘劇，我算計明年六月，大局必可解決，你替我問他好，

一二五

树棻夫人如握：

宽儿有信寄你否？他约二月初旬可到平，你最好于他到后十天来川，即二月廿日光景。离现在还有两个月，嫌远些，早些来此过年，本有趣，惜你与宽不能接头，有些东西不及从宽手取得而带来此间耳。你来此之前，要将家里东西收拾好，分别标明号数内容，交代给宽儿，他自然会用心的。陈府上神主牌匣，我主张你携至岳父坟前焚化，（于阴历年除夕行之）另将岳父岳母相片随身带川，遇诞辰、忌辰上供，如此最妥善，不知你赞成否？再则，关于三处房产，都交给宽、忠等办理，临走前交代清楚，宽不致有遗失贻误等弊。不过火药局增租必须先办妥，宽对其二舅说话恐无力也。你来时不必多带被褥，（只一薄被即可）因此间足敷用，且天气渐暖也。我的衣服在此只有冬衣，天一暖便无衣可穿，南京的衣箱由宽带平后，你捡出其合于用者酌量带来，大约以夹衣为主，单衣亦带一件，你的东西非随手要用者亦不必带。在川亦非久住，且川平之间仍可来往也。你的工作即在勉仁中学任教，俟稍熟习再管教务亦可，初来时只教国文、历史可也。此间专有一男工伺候我，能作面片、面条、蒸馒首、包饺子，但不会烙饼耳，作菜不得味，你来之后，便可有办法。北平近日冷不冷？你们生火没有？你作大衣没有？培恕作被没有？后一次兑款收到没有？其馀不尽。祝你安好。

漱手寄　十二月廿四日

文洤二妹怎么样？他暂不忙回家，要局面定了才好，万一又翻过来，必演惨剧。我算计明年六月，大局必可解决。你替我问他好。

梁漱溟致夫人的四十九封家书

第三十封　一九四七年一月二日

背景介绍

这是先父1947年元旦后一日居住于重庆北碚时所写一信。

此信再次责备夫人“大惊小怪”，“近于神经病”。

信中所说的张俶知先生，早年即与先父相识于北大，后又随同工作于河南村治学院、广东省一中、山东乡建院。抗战时又任教勉仁中学，与先父同在北碚，故夫人有托其转信之事。

十六日信廿日的信都收到、十八十九日信因張俊不轉、而張則去重慶、待他回來才送交我、反遲了、又廿六寄張信為飛機失事大驚小怪、以後不要如此、有信直寄我、不必託人轉、我的行止亦不必向人問訊、這都近於神經病、讓人笑話、

大箱與房契何不與其他二處同歸遺失、而獨讓展後登記呢？萬一尋覓不着、而兩箇月限期已到、你如何辦呢？我雖寫給培忠培和等信、屬其再仔細〻〻見、但亦毫無把握、

陶溪　新年二日

十六的信，廿四的信都收到，十八、十九的信，因张俶知转，而张则去重庆，待他回来才送交我，反迟了。又廿六寄张信为飞机失事大惊小怪，以后不要如此，有信直寄我，不必托人转，我的行止亦不必向人问讯，这都近于神经病，让人笑话。

火药局房契何不与其他二处同报遗失，而独请展缓登记呢？万一寻觅不着，而两个月限期已到，你如何办呢？我虽写给培忠、培和等信，嘱其再仔细□□□，但毫无把握。

漱溟　新年二日

第三十一封　一九四七年一月十四日

背景介绍

此信又催促夫人于农历新年后即动身来重庆。当时，铁路公路多为内战战火阻断，只好乘飞机，而机票难得，于是不得不托人代购。

王捷三为北京大学哲学系早年毕业生，此时在北平工作。

樹芬吾夫人：多日不見你來信，想念
不已。我所問之事，亦無回答，你那兒，計
舊年將到，年過後你即準備來川，
一俟覓定到手，亦代發即速動身，
勿遲延為要。前函寄信與王捷三，你可
先用電話約定，去看他一次，當面交
信，並將飛機聲請書（在公司索取）
一同交他，向他要票價，並交他轉，好不好，
日期最好二月十五左右（陽曆），你來時下列各
物要注意帶來：
一、蚊帳　二、好舊墨一二塊
二、舊藏信封信紙、　三、我的襯衣褲、
餘不多書，即問
好好過年
[illegible]字　一月十四日

树棻夫人：

多日不见你来信，想念不已。我所问之事，亦无回答，何邪？计旧年已到，年过后你即准备来川。一俟宽儿到平，交代后即速动身，勿迟延为要。兹写一信与王捷三，你可先用电话约定，去看他一次，当面交信，并将飞机声请书（在公司索取）一同交他，问他票价是交他转，好不好？日期最好二月十五（阳历）左右。你来时，下列各物要注意带来：一、蚊帐；二、好旧墨一二块；三、旧藏信封信纸；四、我的夹衣裤。馀不尽。即问好好过年

漱手字　一月十四日

梁漱溟致夫人的四十九封家书

第三十二封　一九四七年一月十四日

背景介绍

前一信刚写好付邮，又想起有些话须补充，于是在同一天又写了此信。

先父尝言自己“有志业而无职业”，因此常无固定收入。抗战中，他是“国民参政会”参政员，且为“驻会委员”（即常委），每月有津贴，为他解决生活问题有不小作用。参政会一度说要撤销，果如此，就不会再发津贴了。“恰好参政会延长一年”，所以“我的钱又有了”。“公费（大约有八十万）”，即指津贴。先父一向少存款，而常随有随分，赠予他人是常事。因而信中说“给培忠母亲卅万用”，“文汪二妹处如需送钱，亦可由你酌送”。

又，此处说津贴“大约有八十万”，当时是严重的通货膨胀时期，数目虽大，实际所值很有限。

将才发一信，忽想起培忠来信说没有钱的话，恰好参政会延长一年，我的钱又有了，我已属培实领取一月份公费（大约有八十万）交你，你可先将手中存款付给培忠母亲卅万用，（或四十万亦可）文淦二妹处如需送钱，亦可由你酌送，我计算培实回来，还可有钱，你的路费有三四十万即足，一切情形，望你迅速来信，此致

树棠夫人　　衡子字　一月十四日

你来川应带东西、、巾、还要加小刀一项，裁纸及切水果用、

将才发一信，忽想起培忠来信说没有钱的话，恰好参政会延长一年，我的钱又有了，我已嘱培宽领取一月份公费（大约有八十万）兑你，你可先将手中存款付给培忠母亲卅万用（或四十万亦可）。文洤二妹处如需送钱，亦可由你酌送。我计算培宽回平，还可有钱，你的路费有三四十万即足。一切情形，望你迅速来信。此致

树棻夫人

漱手字　一月十四日

你来川应带东西之中，还要加小刀一项，裁纸及切水果用。

梁漱溟致夫人的四十九封家书

第三十三封　一九四七年一月三十一日

背景介绍

此信写于1947年1月31日，距农历新年只有十天。以前在信中说望夫人旧历新年后应入川，故再次催促她准备动身。

信中所说夫人到北碚后，可在勉仁中学任教或任职事，后来均不见实现。

樹棻吾人：又多日不得來信，我所問的話，亦不見答覆，不知我的信是否你收到了沒有。館中過元宵後才行課，那你早來，現在你新來，於事不甚接頭，於人亦不熟習，一學期後你若願任校長，我也贊成，即可接任，現在且做知無任。你來時要注意我所說帶的東西，不要遺忘。隨身帶錢有十幾元，至卅元即可。其餘可給覓子，托捷三舍面交。我樣樣要早接洽，遲了要誤事，一切從速。來信以銷我念，即祝

過年好。漵手字 一月廿一日

來信時要把我前後各信號弟齊，對我所問所答而作答。

树棻夫人:

又多日不得来信，我所问的话，亦不见答覆，不知我的信是否你收到了没有？勉中过元宵后即行课，盼你早来。现在你新来，于事不甚接头，于人亦不熟习，一学期后你若愿任校长或教导主任，即可担任。现在是僦知兼任。你来时要注意我盼望带的东西，不要遗忘。随身带钱有十几万至廿万即可，其馀留给宽手。王捷三会面否？飞机票要早接洽，迟了必误事。一切盼速速来信，以慰我念。即祝

过年好

漱手字　一月卅一日

来信时，要把我前后各信汇齐，对我所问所嘱而作答。

梁漱溟致夫人的四十九封家书

第三十四封　一九四七年二月二日

梁漱溟家书
第三十四封
1947年2月2日

背景介绍

培昭、培忠均为侄辈，即先父长兄之子女，此时他们均已由青岛来北平，而培志（先父长兄之长女）尚在青岛，一时不能来北平（为转飞重庆）。因此不一定能与夫人同自北平飞重庆。

樹芬吾妻：今天接培貽培忠等來信、知道你在年初一病了、初一初二都沒有起床、心中甚以為念、據說後來因看梓年容來、又起來了、大約不重要罷、人一病了、就感覺到親人的需要、我在（陽曆）年前十二月中亦破例病了幾天、我怕你着急、一直沒有提、在病中却正是想你呢、結論只那一句話、你快來川、我們還是在一起罷、安安生生過幾天日子罷、昨天培志來信、他不能很快離青、不定能與你同行、你在二月十五左右、有飛機、就不必等他、我計算寬兒此時應已到平、你把事情交給他、收拾收拾就來好了、行期若定、即速告我、我到重慶去接你、其餘面談、不贅、即問安好

潮手字　二月二日

树棻吾妻：

今天接培昭、培忠等来信，知道你在年初一病了，初一初二都没有起床，心中甚以为念。据说后来因有拜年客来，又起来了，大约不重罢。人一病了，就感觉到亲人的需要。我在年前（阳历）十二月中亦破例病了几天，我怕你着急，一直没有提，在病中却正是想你呢。结论只那一句话：你快来川，我们还是在一起罢，安安生生过几天日子罢。昨天培志来信，他不能很快离青，不定能与你同行。你在二月十五左右，有飞机，就不必等他。我计算宽儿此时应已到平，你把事情交给他，收拾收拾就来好了。行期有定，即速告我，我到重庆去接你。其馀面谈，不尽。即问

安好

漱手字　二月二日

梁漱溟致夫人的四十九封家书

第三十五封　一九四七年二月十三日

背景介绍

由此信可知，飞机客运一时暂停，夫人早日入川的打算不得不推迟。

樹棻吾妻如握：又多日不見你信，十
分想念。飛機定維停，郵件照
常，你來不了，如寫信為要。
你現在住寬街么累，折住學校內。
你上次感冒都好了罷，北平這兩天
不太冷罷。你是照常奔波。寬兒
到平沒有？他雖南京來信，到上海
去信，不易過。推計他應已去上海了。
推計他我已到平，他對學之事，大前
門房契之事，大前門房房租之事，告我
所欲知者，望你寫信告我。你空時
即執筆寫信以當見面對談。我
一切都好，此間一點不冷，但恐怕天暖起
來要衣服穿。不要。彬手字 二月十三

树棻吾妻如握：

又多日不见汝信，十分想念。飞机客□虽停，邮件照常。你来不了，□□写信为要。你现在住宽街□里，抑住学校内？你上次感冒都好了罢，北平这两天不太冷罢？你是照常奔波，宽儿到平没有？他离南京无信，到上海亦无信，不过推计他应已去上海耳，推计他或已到平。他转学之事，火药局房契之事，火药局房租之事，皆我所欲知者，望你写信告我。你空时即执笔写信以当见面对谈，我一切都好，此间一点不冷，但恐怕天暖起来无衣服穿。不尽。

漱手字　二月十三

梁漱溟致夫人的四十九封家书

第三十六封　一九四七年二月十四日

背景介绍

先父退出南京和谈（1946年11月初），赴重庆，至写此信之时已有约三个月了。此时夫人又有改由“海道”入川的打算，但并不曾实现。“第来川再回北方较比费事耳”，此“第”字作“但”字解。

李渊庭（1906—1994），又名李澂，内蒙古托克托县人。长期追随梁漱溟、熊十力先生。曾在山东乡建院、勉仁中学、勉仁书院工作。

樹棻吾妻如握：月子日一長信收閱、

你開的賬目真 以過用錢真不少

忻現在飛機 川、你願走海道，我

亦贊成、坐印同木 與成春一道南下，不可錯

過、因覓伴不易也、二妹生活由你幫助

我完全同意、他願留平、願來川全可、你（若來川作事我同住皆可）

同他商量、我不便作主、弟來川再同北方較比

費事了、他願來蜀、就同你一道來、培志

若來得及同行亦好、來不及不[?]等、劉

老先生處我當寫一張給他、你送去、徐

書琴及陳公大哥等字寄他們了、接培

寶信知廿八號上船、計今已抵平、他帶

來由我寄港稿件、你把它帶川為要、

你今不跑路、在家得全休事、多寫信來、至

盼至盼、 澍字 二月十四日

潤庭已回信矣、

树棻吾妻如握：

□月五日一长信收阅，你开的账目真□□□，□过用钱真不少啊。现在飞机□□□，你愿走海道，我亦赞成，望即同□家眷一道南下，不可错过。因觅伴不易也，二妹生活由你帮助，我完全同意。他愿留平愿来川全可，（若来川作事或同住皆可）你同他商量，我不便作主，第来川再回北方较比费事耳。他愿来，当然同你一道来。培志若来得及同行亦好，来不及不必等。刘老先生处，我当写一张给他，你送去。徐书琴及陆公大皆有字寄他们了。接培宽信，知其八号上船，计今已可抵平。他带来有我香港稿件，你把它带川为要。你今不跑路，在宿舍无事，多写信来，至望，至望。

漱手字　二月十四日

渊庭已回信矣。

梁漱溟致夫人的四十九封家书

第三十七封　一九四七年二月十五日

背景介绍

写寄此信时，夫人正准备由北平入川。当时内战正在激烈进行，铁路公路多不通，走陆路入川不行；如又不乘飞机，就只能由北平到天津乘船至上海，再溯长江而上，入四川，但冬季“川江水枯涸”，无上海直达重庆的船，也是一问题。故说仍以候飞机复航后乘飞机为宜。

今忽然想起你還是不能走海道來川，因川江水枯涸，非陰曆四月後不能有輪船上達，你豈能在上海坐候二三個月呢。若不乘直航輪，則沿途上上下下太苦了，做不得呢，所以你還是坐飛機復航，隨時注意一復航就來，又痛快，又省事，不過少帶東西而已。繆甚房怕要修理，不能，則更要費大事，大為房租問題。也好，請告我。

剛 手字

十二月日

另紙又寄覽呢

今忽然想起你还是不能走海道来川，因川江水枯涸，非阴历四月后不能有轮船上达，你岂能在上海坐候二三个月呢？若不乘直航轮，则沿途上上下下太苦了，何必呢？所以你还是等飞机复航，随时注意，一复航就来，又痛快，又省事，不过少带东西而已。缨巷房怕要修理，不然，则更要费大事。火药局房租问题如何？请告我。

漱手字　十五日

另纸交宽儿。

梁漱溟致夫人的四十九封家书

第三十八封　一九四七年二月二十日

梁漱溟家书
第三十八封
1947年2月20日

背景介绍

航空客运复航。此信仍是催促夫人早日入川。

樹藻吾妻：近來航空客運有恢復消息，希望你注

意購票早來，船不能坐，上次信已言之矣。光陰可惜，你不

要太耽誤。再則我缺乏白布褲，可否你在北平給我作好帶

來一件或兩件，尺寸大小可用舊破褲為標準。

其餘不多寫，另盼你多來信。澍子字 二月廿日

寶兒計早到平

树棻吾妻：

近来航空客运有恢复消息，希望你注意购票早来，船不能坐，上次信已言之矣，光阴可惜，你不要太耽误。再则我缺乏白布裤，可否你在北平给我作好带来一件或两件，尺寸大小可用旧破裤为标准。其馀不多嘱，只盼你多来信。

漱手字　二月廿日

宽儿计早到平。

梁漱溟致夫人的四十九封家书

第三十九封　一九四七年三月九日

梁漱溟家书

第三十九封

1947年3月9日

背景介绍

此信应写于北碚。信中说，“我在最近之五个月专心写书”，是指正全力撰写《中国文化要义》。“六月后可能来平，是为筹划成立一学术机关”。筹办一学术机关，或建立一研究所，开展中国文化的研究，始终是他的心愿。

“我是看此机关在那里，我就在那里。我的家亦就在那里”。 这是说，在先父心目中，顾“志业”高于顾“家室”。这是他自己一向坚守的原则。前一阵的和谈工作，当下的写书工作，都是他的“志业”，都是自己精力所当贯注之处。

可是从书信内容来看，家庭种种琐事使他分心甚多。他对此一定感到有些无奈。多年战乱，家庭事务缺人料理，而现在他是一家之长，长兄的子女生活学习之事，也落在他一人肩上，不得不过问。

樹棻吾妻：前數日去滬，昨晚始返，展閱
你的來信三封，并分別作答如次：
一、我不去上海，報紙的話不必信，我在最近之
五個月專心寫書，任何處都不去。
二、我算計六月後，書可寫完，那時可能去上海，
亦可能去北平，對照兒所說，指此而言，斷不會
要他來川。
三、六月後可能來平，是為籌劃成立一學術機關，
但不擬定設於北平，且北平成功的分數不多，因此我
留住北平的分數亦不多，我是看此機關在那裏，
我就在那裏，我的家亦就在那裏。
四、假如北平上海其他等處都不成功，則仍回北碚，成一

小规模的机关，我望你来川，是为此半年可同住，若外面新机关成立不了，仍在川同住，若能成时，你再出川，

五、我既行止不定，即令在北平成立机关，家亦可住机关内，不一定要用大药局房，你暂时勿作北平安家之想，你还是来川，可靠些，我留北平的分数甚少，

六、大药局房收回，你之妹及赵鸿儒去住好了，既省出房钱，亦将房出租，即贴补之妹用，就不必从四川划钱了，你若同意，即嘱培宽照办，

七、现在需要袜衣，可将小（去年新作）袜衣裤一身及袜袍一件寄（皆在南京带回小箱内）来，你若在廿天内能来，亦就不必寄，

八、世界日报论文已经照见剪寄，不必再抄，

此信可给宽看，或说给他听，

其余不书，

沛霖

三月九日

树棻吾妻：

前数日去渝，昨晚始返。展阅你的来信三封，兹分别作答如次：

一、我不去上海，报纸的话不必信。我在最近之五个月专心写书，任何处都不去。

二、我算计六月后，书可写完，那时可能去上海，亦可能去北平。对恕儿所说指此而言，断不会要他来川。

三、六月后可能来平，是为筹划成立一学术机关，但不拘定设于北平，且北平成功分数不多。因此我留住北平之分数亦不多，我是看此机关在那里，我就在那里，我的家亦就在那里。

四、假如北平、上海其他等处都不成功，则仍回北碚，成一小规模的机关。我望你来川，是为此半年可同住。若外面新机关成立不了，仍在川同住，若能成时，你再出川。

五、我既行止不定，即令在北平成立机关，家亦可住机关内，不一定要用火药局房。你暂时勿作北平安家之想，你还是来川可靠些，我留北平的分数甚少。

六、火药局房收回，你二妹及赵鸿儒去住好了，既省出房钱，有馀房出租即贴补二妹用，就不必从四川兑钱了。你若同意，即嘱培宽照办。

七、现在需要夹衣，可将去年新作小夹衣裤一身及夹袍一件寄来（皆在南京带回箱内）。你若在廿天内能来，当然不必寄。

八、世界日报论文已经恕儿剪寄，不必再抄。

此信可给宽看，或说给他听。其馀不尽。

漱溟　三月九日

梁漱溟致夫人的四十九封家书

第四十封　一九四七年三月九日

背景介绍

此信是再次劝说夫人来四川，“不要三心二意”。

樹棻吾妻再覽：你不要三心二意，你不要捨不得錢，我機票就是一百萬元，你必決心來川，你似不在乎尋閒氣，你年前沒有同我一道來，是錯誤，這次不可再誤，人生光陰不多，你記得嗎？

冰子字　三月九日

树棻吾妻再览：

你不要三心二意，你不要舍不得钱，飞机票就是一百万元，你亦决心来川，你何必在平寻闲气。你年前没有同我一道来，已是错误，这次不可再误。人生光阴不多，你记得吗？

漱手字　三月九日

梁漱溟致夫人的四十九封家书

第四十一封　一九四七年三月十三日

背景介绍

“每天写书”，还是指当时正撰写《中国文化要义》一书。

“隔一天讲一次课”，似指在勉仁国学专科学校讲课，讲的内容也是“中国文化要义”。

毅生即郑毅生（天挺），北京大学秘书长，先父之表弟。

“是何市长赠送的票”，何市长即何思源，国民党统治时期最后一任北平市长。先父上世纪30年代在山东邹平从事乡村工作时，何为山东省教育厅长，故早年即相识于山东。

樹芬吾妻：前次未封口一信大約夾在其他信中，被工人拿去發郵，我不知道。我每天寫書，隔一天講一次課，同客人談話，答覆外間來信，看報等等。三餐都很好，一切有人伺候，只是晚上睡眠無人作伴而已。還書缺乏，故悵，而孩子則快來了。這是一問題。你快來就好了。路費問題，我決於日內給你先一百萬元，南京來的錢，作修房之用，你不必要飛機，大約不久即可開航。王捷三是北大哲學系畢業，作過六年教育廳長，何曾是軍人，不過他在軍事機關，買飛機票較有速效。你還是訪他，要不然，你向向家生，看他能辦否。他同王捷三亦甚熟，由他打電話商之於王亦可。我上次來渝，是何市長贈送的票，此次不好託他，好像又要他贈送。關於三處房契，向包近洪要，你走之前弄清最好。不然就引寶兒與公大見面，以後由他們辦理。除小褲襪以外，我不添置衣服，不必買做。廣東衣箱我已託良庸設法寄渝。餘不盡，即問近好

彬字 三月十二日

树棻吾妻：

前次未封口一信大约夹在其他信中，被工人拿去发邮，我不知道。我每天写书，隔一天讲一次课，同客人谈话，答覆外间来信，看报等等。三餐都很好，一切有人伺候，只是晚上睡眠无人作伴而已。还有缺乏蚊帐，而蚊子则快来了，这是一问题，你快来就好了。路费问题，我决于日内给你兑一百万元。南京来的钱，作修房之用，你不必要。飞机大约不久即可开航，王捷三是北大哲学系毕业，作过六年教育厅长，何曾是军人？不过他在军事机关，觅飞机票较有速效，你还是访他。要不然，你问问毅生，看他能办否？他同王捷三亦甚熟，由他打电话商之于王亦可。我上次来渝，是何市长赠送的票，此次不好托他，好像又要他赠送。关于三处房契问题，近况如何？你走之前弄清最好，不然就引宽儿与公大见面，以后由他们办理。除小裤褂以外，我不添置衣服，不必买做。广东衣箱，我已托艮庸设法寄渝。馀不尽。即问

近好

漱手字　三月十三日

梁漱溟致夫人的四十九封家书

第四十二封　一九四七年三月十四日

背景介绍

信中所写“一百万”等惊人数字，是由于国民党当时滥印滥发钞票，以应付打内战的需要所致。物价天天飞涨，食品、日用品一日一价，车票机票也不例外，故有“我兑你一百万元”之需要。

樹芬夫人：昨發一信後即收到你第十一函，自第六函至第十一皆收到無誤，飛機寄航空之寄布，云速遞到，我兌你一百萬元，今日兌出，我缺白布褲，小褂不缺，多做你褲，又我有竹布大褂，可以帶來，餘詳前函，不贅，即問近好

彬手字　十四日

树棻夫人：

昨发一信后，即收到你第十一函。自第六至第十一皆收到无误。飞机复航，闻已宣布，应速进行。我兑你一百万元，今日兑出。我缺白布裤，小褂不缺，多作裤。又我有竹布大褂，可以带来。馀详前函，不赘。即问

近好

漱手字　十四日

梁漱溟致夫人的四十九封家书

第四十三封　一九四七年三月十九日

背景介绍

由此信内容看，夫人入川之事终归有了眉目。

樹棻吾妻如握：第十二函收閱，知你之來川準備，現在渝飛機已復航，則你之來必不遠矣，甚欣甚欣。你所問之事均分別答覆，至捷三處當已接洽，或由他訂妥後，你自往購票，或以票價付他代購均可。一百万當已收到，票已加價，款當無多餘，不宜多買東西，行李除一條薄棉被外，只要床單，不要褥子。要蚊帳，不要枕頭。春帶夏衣服，不必帶冬衣。餘則照我前次各信辦理。培志不能乘飛機，可不必等他。通知他自行由海道赴滬可也。研究所事要辭脫，不可用請假方式，你我時間尚不能定也。此間事你到了再說。在飛機上手內零碎東西不可太多。若飛機日期確定，即急電「重慶捍衛中學黎澤玄：△到渝，棻」。△是日期，用韻目代，如廿六即用宥，廿七即用感之類。不要打電報，打電報太慢，而澤玄通知我則電話甚快也。餘不多囑。

樹手字 二月十九日

树棻吾妻如握：

第十二函收阅，知你已作来川准备。现在平渝飞机已复航，则你之来必不远矣，甚欣甚欣。你所问之事，均已分别答覆。王捷三处当已接洽，或由他订妥后，你自往购票，或以票价付他代购均可。一百万当已收到。票已加价，款无多馀，不宜多买东西。行李除一条薄棉被外，只要床单，不要褥子。要蚊帐，不要枕头。带春夏衣服，不必带冬衣。馀则照我前次各信办理。培志不能乘飞机，可不必等他。通知他自行由海道赴沪可也。研究所事要辞脱，不可用请假方式。你几时回平不能定也，此间事你到了再说。在飞机上，手内零碎东西不可太多。若飞机日期确定，即急电“重庆捍卫中学黎滌玄：△到渝，棻。”△是日期，用韵目代，如廿六即用寝，廿七即用感之类。不要打电北碚，北碚太慢，而滌玄通知我，则电话甚快也。馀不多嘱。

漱手字　三月十九日

梁漱溟致夫人的四十九封家书

第四十四封　一九四七年三月二十八日

背景介绍

此信无年月，但可以肯定为1947年。从内容看，应写于3月份。

樹棻賢妻：前寄上送給劉老先生對聯一付，你給送去好了，以後我到北平再去拜訪他，你把家裏經手事交代於寶兒，即速設法來川，再遲則飛機票價要加倍（六十万），路費够不够？身上不必多帶錢，我在重慶接你，一上飛機就算到了，來時著一行李過重，則花點錢亦值得，不過總不要太多，餘不盡，

澍手字 廿八

树棻吾妻：

兹寄上送给刘老先生对联一付，你给送去好了。以后我到北平，再去拜访他。你把家里经手事交代于宽儿，即速设法来川，再迟则飞机票价要加倍（六十万）。路费够不够？身上不必多带钱，我在重庆接你，一上飞机，就算到了。来时万一行李过重，则花点钱亦价得。不过，总不要太多。馀不尽。

漱手字　廿八

梁漱溟致夫人的四十九封家书

第四十五封　一九四七年三月三十日

背景介绍

此信约写于1947年3月，即夫人决定离北平，将飞往重庆之前。当年因战乱不断，铁路多遭破坏，故远行几乎全赖航空。而那时飞机甚小，只能容三四十人，且航班又少，故机票难得。

前次我問徐科長名号是否是徐書瑤、你没答覆我、我怎麼寫信呢？你住宿舍去也可以、那就要忠等住同南屋、你斟酌办、後五十万元收到要留卅萬的作你来川飛機票錢、關於離平應準備之事速準備、

剛 卅日

一九三

前次我问徐科长名号是不是徐书琴，你没答覆我，我怎么写信呢？你住宿舍去亦可以，那就要忠等住回南屋，你斟酌办。后五十万元收到要留卅万作你来川飞机票钱。关于离平应准备之事速准备。

漱溟 卅日

梁漱溟致夫人的四十九封家书

第四十六封　一九四七年四月五日

背景介绍

信中末后说：“你来不来，由你，我不管了。”显然，夫人来川行期一再延展，又多次接机空跑一趟，令先父有些恼怒了。

樹芬吾妻大人：我自接得你來信，從四月二日來川後，即去滬迎接你，二日飛機又推後一天，所以二日三日都借了汽車，帶了人到飛機場候留來天，明日回信，開看來信，乃知你又是十六号又是廿三号，還未定行期。我的功夫珍貴的很，恕我不能再迎接大駕了。我因天熱，候你來了可以省衣服、蚊帳，你却慢慢地不來，接志沅不求你等他，像言亦不求你管他，飛機只幾小時，那邊還起飛，這邊還有人接，中間有伴俾伴無甚閑你，而你自己却耽誤了事。你來信不想帶蚊帳，怕行李過重，又却要郵寄衣服，試問行李費便宜，還是郵費便宜呢？顛三倒四，說款由中國農民銀行兌出，自然是說比七女宿管了你。現在想已收到，你來不來，由你，我不管了。

四月五日 澍手字

树棻夫人：

我自接得你来信，说四月二日来川后，即去渝迎接你。二日飞机又推展一天，所以二日三日都借了汽车，带了人，到飞机场候个半天。昨日返碚，开看来信，乃知你又是十六号又是廿三号，还未定行期。我的功夫珍贵的很，恕我不能再迎接大驾了。我因天热，候你来了可以有衣服有蚊帐，你却慢慢地不来。培志既不求你等他，滌玄亦不求你等他，飞机只几小时，那边起飞，这边有人接，中间有伴没伴无甚关系，而你自己却耽误了事。你来信不想带蚊帐，怕行李过重，却又要邮寄衣服，试问行李费便宜还是邮费便宜？颠三倒四。兑款由中国农民银行兑出，自然是兑北大女宿舍交你，现在必已收到。你来不来，由你，我不管了。

四月五日　漱手字

梁漱溟致夫人的四十九封家书

第四十七封　一九四七年四月六日

背景介绍

此信写于夫人即将自北平飞四川重庆之前。此后再无由北碚寄北平信。据此推算，夫人由北平入川当在4月中旬。

培志将携两子来重庆与其夫团聚。

樹藻吾妻如握：今日連得你三封信，你願等候培志同行，心眼甚好，我不怪你了。但我個人同一天走，機位是難得，底不如分開走容易得到位子。志培若已到平，無妨同他說明白，他同意，你便先來，再則託王捷三，應當說明，請他促公司提早給位子，要他打電話給公司就行了。不必託他辦登記，你不是登記過了嗎。衣服若沒有寄，不必寄，反正沒幾天了，而且不合算。百業款已收得，交寬甚好，另信亦交寬閱，餘不盡。四月六日夜 潤手字

树棻吾妻如握：

今日连得你三封信，你愿等候培志同行，心眼甚好，我不怪你了。但几个人同一天走，机位是难得底，不如分开走容易得到位子。志侄若已到平，无妨同他说明白，他同意，你便先来。再则托王捷三，应当说明请他促公司提早给位子，要他打电话给公司就行了，不必托他办登记，你不是登记过了吗？衣服若没有寄，不必寄，反正没几天了，而且不合算。百万款已收得，交宽甚好。另信亦交宽阅。馀不尽。

四月六日夜　漱手字

梁漱溟致夫人的四十九封家书

第四十八封　一九四七年五月二十三日

背景介绍

这是先父由重庆到南京后寄给夫人的信，此时夫人住在北碚已逾月了。先父去南京是为参加国民参政会。

1947年5月，国民参政会最后一次会议召开。民盟中常委会决议，民盟参政员全体参加，于5月23日向参政会提出《停止内战恢复和平案》，要求根据政协精神，重新举行和平会议，以政治方式解决纷争，同时要求保障人民自由，尊重人权等。民盟出席此会的有五人，分别是：张澜、黄炎培、梁漱溟、章伯钧、韩兆鹗。

但此次呼吁和平全无作用。

同年10月民盟又在反动政府胁迫下“自动”解散，并被宣布为“非法团体”。中国民主同盟这一政治联合组织就这样“消失”了。

樹棠夫人如握：

廿日平安抵京，頃先寫好之信因機場無郵筒，當下未能投郵，交託於一工友之手，大約後來當已投郵，想已得達。大局情形無顯著變動，學潮未能平息，亦無擴大，且仍按原定計劃，於下月中回滬。此間五月份公費已發，谷君兌北信，日內當可收到。北平方面之款，上海友人兌卅萬與寶兒，寶兒若有信來，你可答之。外間信件寄我者，可逕拆閱，摘要告我。此間有平價布可購，布好而廉價，當於回滬時帶回。餘無多寫，即問

日安

樹德手字 廿六

树棻夫人如握：

廿日平安抵京，预先写好之信因机场无邮筒，当下未能投邮，交托于一工友之手，大约后来当已投邮，想已得达。大局情形无显著变动，学潮未能平息，亦无扩大。愚仍按原定计划，于下月中回渝。此间五月份公费已嘱谷君兑北碚，日内当可收到。北平方面已嘱上海友人兑卅万与宽儿，宽儿若有信来，你可答之。外间信件寄我者，可速拆阅，摘要告我。此间有平价布可购，布好而廉价，当已回渝时带回。馀无多嘱。即问

日安。

漱溟手字　廿三

梁漱溟致夫人的四十九封家书

第四十九封　一九四七年五月二十八日

梁漱溟家书
第四十九封
1947年5月28日

背景介绍

此信写寄于南京。

因在末次参政会上民盟提出《停止内战恢复和平案》，被彻底拒绝，故“我提早回川”。

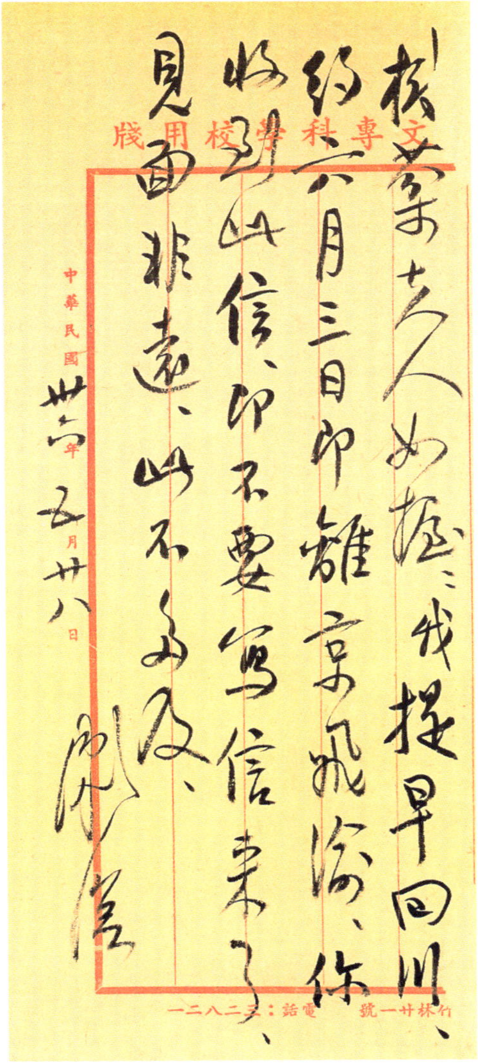

文專科學校用牋

樹棠夫人如握：我擬早回川、約六月三日即離京飛渝、你收到此信、即不要寫信來了、見面非遠、此不多及、

[illegible]

中華民國卅六年五月廿八日

竹林卅一號　電話：三二八二一

树棻夫人如握：

我提早回川，约六月三日即离京飞渝。你收到此信，即不要写信来了。见面非远，此不多及。

卅六年五月廿八日　漱溟